中英雙語品德繪本 2

We Love Our Grandparents

我們都是好乖孫

羅乃萱、Angela Lee 著

Jovis Cy 繪

推薦序

　　一直受到眾多爸媽敬重的何羅乃萱師母，素有「親子專家」之稱，她以自身生命影響眾多人的生命，為許多家庭帶來祝福。同時，她被譽為「上帝的快手筆」，著作逾 70 本，並且獲獎無數，多年來出版的兒童和親子教育書籍也造就了許多孩子和他們的家庭。

　　得知師母與資深幼兒教育工作者、「欣才施教」創辦人兼課程總監 Angela Lee 攜手出版雙語的幼兒品格教育繪本，從事了基督教幼兒教育工作五十年，並且已經身為祖母的我表示熱烈支持。本人非常認同培養孩子堅毅、和平、孝順和勇氣等品格的重要性，因為這些都是《聖經》的教導，但要以淺白有趣且令幼童易於明白的圖文道出這些抽象的信息，實屬不容易，但我確信這絕對難不倒她倆。深信各位祖父母與孫兒們一起閱讀過這些滿有互動、親暱畫面的繪本後，必能從中找到培育孩子品德的竅門，並會加倍珍惜與孫子孫女共處的溫馨時刻，為雙方留下更多美麗的回憶。

　　最後藉此代表所有祖父母向師母和 Angela 致意，感激你們為親子教育所付出的心思和時間，願你們慷慨付出的愛心，得蒙天父賞賜！

陳曾建樂
前香港靈糧堂幼稚園總校長

 # 推薦序

　　《我們都是好乖孫》是一本溫馨動人的繪本。它運用簡單的文字、細膩的插畫，刻畫一對小兄妹向長輩親切的問候、真誠的幫忙、溫馨的擁抱，讓祖孫之間的深厚情感，躍然紙上。讓我不禁想起小時候，感恩能常和婆婆相處，即使現在我成為人母，仍時常想起昔日美好的時光，讓愛繼續滋潤我的人生。

　　對啊！不止祖父母常惦記兒孫，其實孫兒們也像書中的小兄妹一樣，總把祖父母牢牢記在心裏呢！因為祖父母是誰也無法取代的角色，他們的慈愛就如太陽一般溫暖，他們的智慧與經驗更像是孫兒們可以依靠的磐石。我鼓勵祖父母和乖孫們依偎共讀這本書，讓祖父母們更明白兒孫的心意，也讓孩子們感受到自己被了解、被看見。

　　我深信這本書定能喚起讀者內心深層的情感共鳴，讓人感受到祖孫之間濃濃的親情。在這個日新月異的時代，願這本書能成為我們珍惜長輩、孝順父母的提醒和鼓舞。

鄭萃雯

孖仔媽媽、跨媒體節目主持

撒下品德的種子

自從當了婆婆以後，我就成了一個幼兒繪本迷。

每次逛書店，總會在幼兒閱讀那一區流連忘返。除了購買有關情緒、學習、生活智能等等主題書外，一直在尋找的，就是有關幼兒品德教育的書。因為我深信，孩子的心是一片好土壤，如果從小撒下品德教育的種子，在父母循循善導的薰陶下，就能培養幼兒正向的價值觀及與人相處的態度，讓孩子在愛中茁壯成長。

其實，坊間也有不少類似的繪本，但大多以外國為故事背景，未必切合港爸港媽的需要。於是便想到，每星期在親子講座中接觸不少家長，也認識不少校長、老師的我，聽了不少故事，不如自己動筆寫寫這些品德教育的家庭故事，也是可行的啊！當時，另一個念頭就是，既然有中文，不如找另一位擅長寫英文韻律，又兼具幼兒課程編寫經驗，更是一位有一對可愛兒女的媽媽 Angela Lee 跟我搭檔，讓此書能以雙語出版，也讓每晚要跟孩子講故事的爸媽們，一天可以選中文台，一天可以用英文台，跟孩子說好品德故事。

這些故事的內容取材，很多都是真實發生的。像勇氣故事裏的勇敢石，怎樣引導孩子從「ME」想到「WE」，這些都是我們親眼見過、試過的例子。當然，我寫得最津津樂道的，就是引導乖孫們怎樣好好對待公公婆婆、爺爺嫲嫲的那本《我們都是好乖孫》。實不相瞞，我是把心底對乖孫的渴慕都寫進字裏行間，希望他能多抱我、親我，拖着我的手帶我逛街，幫我慶祝生日等等。全都是我心之所想，心之所渴慕的啊！

很多家長問我，幼兒從小閱讀繪本，會否識字多些？對不起，認識多少字不是我們撰寫本書的初心。我們渴望的，是家長們每天向孩子有趣地講述這些故事，孩子會存記在心，成為他品德教育的第一塊踏腳石啊！

羅乃萱

從小培養的價值觀

　　我相信：許多核心價值和態度都是從小培養的。

　　記得有一次，兒子不見了心愛的玩具，他認為是菲傭姐姐收拾時放錯了位置，令他十分生氣。正當大家慌忙尋找的時候，他發現原來是自己早前把玩具放到一個盒子裏。但最令我意想不到的是他接下來的舉動——他走到菲傭姐姐面前說：「對不起，我錯怪了你，是我自己遺忘了。」 這個八歲小子居然沒有因失而復得而喜不自禁，反而想到自己的過錯並主動道歉， 這正正是我十分重視的核心價值。

　　記得多年前，閱讀過 Robert Fulghum 在 1986 年寫的一本書，名為 *All I Really Need To Know I Learned In Kindergarten*（《生命中不可錯過的智慧》）， 指出很多重要的習慣和觀念，如分享、對別人仁慈、認錯等，早已在幼兒時期學過。

　　這個《中英雙語品德繪本》系列，選取了我跟另一位作者羅乃萱十分認同，並覺得這個時代的幼兒需要培養的四種核心價值與態度：「和平」、「孝順」、「堅持」和「勇氣」。我們希望透過簡單的文字讓幼兒明白這些重要的觀念，繼而在日常生活中體現出來。

　　孩子的成長過程充滿挑戰，若這些信念不夠根深蒂固，將來很容易忘掉，甚至被扭曲。所以我深深盼望，父母除了善用這些繪本跟幼兒探討這些抽象的觀念外，更要着重身教。

　　希望各位爸爸媽媽能夠陪着孩子一起修行， 作為他們的榜樣，培育孩子成為一個愛和平、常孝順、懂堅持和有勇氣的人！

Angela Lee

Grandpa grandma,
Good morning!

爺爺、嫲嫲，早晨！

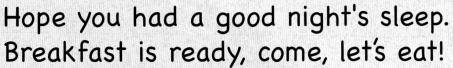

Hope you had a good night's sleep.
Breakfast is ready, come, let's eat!

昨晚睡得好嗎？
早餐準備好了，一起來吃吧！

Grandpa grandma,
let me help!

公公、婆婆，我來幫忙！

Please don't worry, you can sit and rest.
Count on me, I will clean this mess!

別擔心，我做得到。
看吧，都收拾整齊了！

Grandpa grandma, see you next time!

爺爺、嬤嬤，
下次見啦！

Playdates with you are so much fun.
When can we have another one?

一起玩耍真開心！
很想念你們，
什麼時候再見面？

Grandpa grandma,
Please try some!

公公、婆婆，
快嘗嘗！

This is yummy, I hope you like it too.
Meals are happier when I can share with you!

真好吃！你們喜歡嗎？
跟你們一起分享，食物變得更美味！

Grandpa grandma,
Merry Christmas!

爺爺、嫲嫲，
聖誕快樂！

Come let's celebrate the birth of Jesus.
Glad you can spend the holidays with us!

這是慶祝耶穌誕生的日子，
我們也能一起享受節日！

Grandpa grandma,
Happy Chinese New Year!

爺爺、嫲嫲，公公、婆婆，
新年快樂！

Wish you good health, joy and peace.
Thank you for your homemade treats!

祝你們身壯力健、喜樂平安。
謝謝你們親手做的糕點！

親子互動區

聽一聽

請爸爸媽媽掃描 QR Code，和孩子一邊閱讀圖書，一邊聆聽英語朗讀錄音，還可以跟着一起念誦呢！

英語朗讀錄音

想一想

1. 你知道公公、婆婆／爺爺、嫲嫲最喜歡的是什麼嗎？有什麼事令他們最開心呢？

2. 你最喜歡和公公、婆婆／爺爺、嫲嫲一起做什麼？

3. 你認為公公、婆婆／爺爺、嫲嫲最喜歡跟你一起做什麼呢？

4. 你跟公公、婆婆／爺爺、嫲嫲一起時，發生過什麼好笑的、有趣的事情？

5. 公公、婆婆／爺爺、嫲嫲經常關心你、幫助你，你又有什麼可以幫到他們？（如拖着他們的手過馬路，為他們倒一杯開水。）

6. 如果你有超能力，可以送任何東西給公公、婆婆／爺爺、嫲嫲，你會給他們送些什麼呢？

動一動

請孩子在畫紙上，畫上公公、婆婆／爺爺、嫲嫲的樣子，然後教他寫上：公公、婆婆／爺爺、嫲嫲我愛你。完成後，請孩子親手把畫作送給公公、婆婆／爺爺、嫲嫲，他們一定高興極了！

We Love Our Grandparents

我們都是好乖孫

作者：羅乃萱　Angela Lee

繪者：Jovis Cy

助理出版經理：林沛暘

責任編輯：陳志倩

美術設計：張思婷

出版：明窗出版社

發行：明報出版社有限公司

香港柴灣嘉業街 18 號

明報工業中心 A 座 15 樓

電話：2595 3215

傳真：2898 2646

網址：http://books.mingpao.com/

電子郵箱：mpp@mingpao.com

版次：二〇二四年七月初版

ＩＳＢＮ：978-988-8829-47-7

承印：美雅印刷製本有限公司